Couverture inférieure manquante

Début d'une série de documents
en couleur

LA QUESTION

DES

FAUSSES DÉCRÉTALES

PAR

PAUL FOURNIER

PROFESSEUR A LA FACULTÉ DE DROIT DE GRENOBLE

PARIS

L. LAROSE ET FORCEL

Libraires-Éditeurs

22, RUE SOUFFLOT, 22

1887

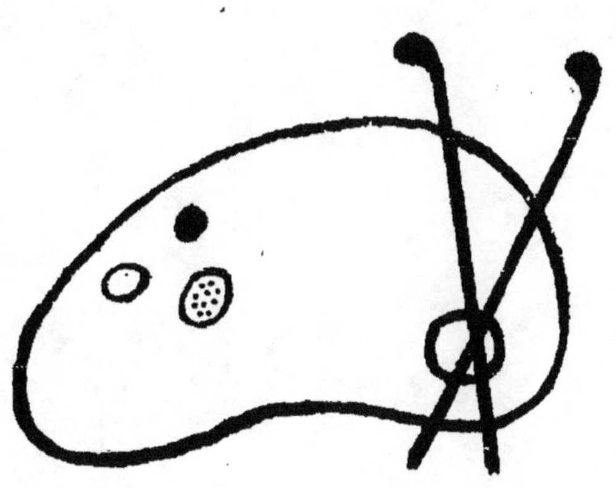

Fin d'une série de documents
en couleur

LA QUESTION

DES

FAUSSES DÉCRÉTALES

LA QUESTION

DES

FAUSSES DÉCRÉTALES

PAR

PAUL FOURNIER

PROFESSEUR A LA FACULTÉ DE DROIT DE GRENOBLE

PARIS

L. LAROSE ET FORCEL

Libraires-Éditeurs

22, RUE SOUFFLOT, 22

1887

Extrait de la *Nouvelle Revue historique de Droit français et étranger*.

LA

QUESTION DES FAUSSES DÉCRÉTALES.

En vain, depuis quatre siècles, la question des Fausses Décrétales fournit des armes à la polémique, et, ce qui vaut
mieux, un vaste champ de recherches à la critique : il s'en
faut de beaucoup qu'elle soit épuisée. Même après la publication du beau livre de M. Hinschius (1), on n'a pas cessé
de discuter et l'on discutera encore sur l'origine, le but, l'auteur et les formes diverses de cette compilation fameu e. Toutefois, si le nombre n'est pas petit des dissertations au moins
inutiles qu'elle a trop souvent provoquées, ce n'est pas dans
cette catégorie qu'il convient de ranger les mémoires publiés
par MM. Maassen et Simson (2) sur ce sujet : ils n'ont pas
peu contribué à dissiper les ténèbres; probablement celui de
M. Simson permettra de découvrir la solution définitive de l'é-
nigme. Aussi m'a-t-il semblé opportun de déterminer le terrain
gagné, d'apprécier les résultats acquis et d'en déduire les
conséquences naturelles; c'est tout l'objet du présent travail.

1.

Un examen superficiel suffit à démontrer que le compila-
teur des Fausses Décrétales a pris pour base de son œuvre la
collection canonique connue sous le nom d'*Hispana* : à vrai
dire, les Fausses Décrétales ne sont qu'une *Hispana* augmentée d'interpolations et de pièces apocryphes et précédée d'une
première partie entièrement composée d'apocryphes (les décrétales depuis saint Clément jusqu'à Miltiade). Mais, pour

(1) *Decretales Pseudo-Isidorianæ*, Leipzig, 1863.
(2) Maassen, *Pseudo-Isidor Studien*, 1, 1885; II, 1886. *Extrait des comptes
rendus des séances de l'Académie impériale des sciences de Vienne;* classe de
philosophie et d'histoire. — B. Simson, *die Entstehung der Pseudo-Isidorischen
Falschüngen in Le Mans.* Leipzig, 1886, in-8°.

admise qu'elle fût de tous, cette relation entre le faux Isidore et l'*Hispana* n'avait pas été étudiée avec toute la précision désirable; c'est la tâche que vient d'accomplir M. Maassen, dans deux mémoires qui peuvent être considérés comme des modèles de dissertation scientifique. J'en dois dégager ici les principales conclusions.

1° Le faux Isidore s'est servi, non pas de l'*Hispana* ordinaire, telle qu'elle est connue par l'édition de Gonzalez (1), mais de la forme de l'*Hispana* habituellement désignée sous le nom de *Gallica*, parce qu'elle était répandue en Gaule aux premiers siècles du moyen âge. Cette forme de l'*Hispana*, qui nous est conservée surtout par le manuscrit de Vienne n° 411 (2), avait été déjà l'objet des études de M. Maassen dans son ouvrage sur l'histoire des sources du droit canonique (3).

2° Le texte de l'*Hispana* suivi par le faux Isidore n'est même pas le texte de l'*Hispana Gallica* dans son état primitif; mais un texte remanié au moyen de corrections et d'interpolations et complété par l'insertion de quelques apocryphes. Cette forme particulière de l'*Hispana Gallica* ne nous est pas fournie seulement par les manuscrits des Fausses Décrétales; le manuscrit 1341 du Vatican, désigné, à raison de son origine, sous le nom de manuscrit d'Autun, contient un texte de l'*Hispana Gallica* qui se distingue par des caractères analogues à ceux du faux Isidore (4). De part et d'autre se découvrent les vestiges du travail d'un inconnu qui a modifié l'*Hispana Gallica*; sans doute, en certains endroits, il n'a eu d'autre prétention que celle de donner un sens à des phrases devenues inintelligibles dans la *Gallica* ordinaire; mais, en d'autres passages, il a bel et bien remanié le texte en vue d'un but déterminé. C'est ce

(1) Madrid, 1868 et 1821. L'édition est reproduite dans le tome LXXXIV de la *Patrologie latine* de M. l'abbé Migne : *S. Isidori Hispalensis opera* t. VIII.

(2) Cette forme se trouvait aussi avec quelques modifications dans le manuscrit de Strasbourg, connu sous le nom de manuscrit de l'évêque Rachion, qui, je pense, a disparu dans l'incendie de la bibliothèque de Strasbourg.

(3) *Geschichte der Quellen und der Literatur des canonischen Rechts*, tom. I, n° 727.

(4) L'idée qu'a développée M. Maassen est indiquée en germe dans la dissertation si riche des Ballerini, *De antiquis collectionibus et collectoribus canonum*, pars III, c. VI, § 4, n° 14.

que M. Maassen fait nettement ressortir par le rapprochement des trois textes, celui de l'*Hispana* primitive donné par l'édition de Gonzalez, celui de l'*Hispana Gallica* usuelle donnée par le manuscrit de Vienne, et celui de l'*Hispana Gallica* d'après les manuscrits des Fausses Décrétales et le manuscrit d'Autun. Je ne puis même songer à résumer tous ses arguments : mais il semble indispensable, pour convaincre le lecteur, de lui présenter des exemples de ces remaniements qui caractérisent à la fois le texte des Fausses Décrétales et celui du manuscrit d'Autun. Aussi je choisis deux passages pris parmi ceux dont les modifications répondent à une tendance franchement accusée.

Le premier est le canon 7e du IIe concile de Séville ; les interpolations qui appartiennent à la recension des Fausses Décrétales et du manuscrit d'Autun sont placées entre parenthèses.

« Septimo examine relatum est nobis venerantissimum quondam Agapium Cordubensis sedis episcopum frequenter (chorepiscopos vel) presbyteres (qui tamen juxta canonem unum sunt), qui absente pontifice altaria erigerent..... presbytero (vel chorespicopo) illicita consecratio est altarium, etc.

« Hoc enim omnia illicita esse presbyteris (vel chorespicopis), etc... »

A la fin du canon, se trouve cette addition : « quæ omnia eis à sede apostolica prohibita esse noscuntur. »

Il me sera permis de citer encore le chapitre III de la lettre du pape Innocent à l'évêque Victricius de Rouen : ce texte commence, dans l'*Hispana* pure, par ces mots : « Si quæ autem causæ vel contentiones inter clericos tam superioris ordinis quam etiam inferioris fuerint exortæ...; » le pape décide que ces causes seront, en règle générale, soumises au jugement des évêques de la province. Le manuscrit d'Autun contient la version suivante, analogue, comme le montrent les renseignements fournis par M. Maassen, au texte adopté par le faux Isidore :

« Si quæ causæ vel contentiones inter clericos (vel inter laicos et clericos) tam superioris ordinis... »

Dans l'un et l'autre passage, il m'a semblé que la trace du remaniement se montre avec une parfaite netteté.

Je pourrais, après M. Maassen, multiplier ces citations ; la

démonstration du savant canoniste met au-dessus de toute
contestation le lien de parenté directe qui unit la recension
de l'*Hispana* d'Autun et celle de l'*Hispana* fournie par les manuscrits du faux Isidore. Ce qui coupe court aux objections,
c'est que les remaniements caractéristiques de cette recension,
commune au manuscrit d'Autun et aux Fausses Décrétales,
sont souvent en harmonie avec quelqu'un des buts divers
poursuivis par le faux Isidore. Les deux exemples que j'ai
cités plus haut en donnent la preuve certaine. Dans le premier cas, le remaniement est visiblement hostile aux choré-
vêque (1); dans le second, il est favorable au développement
du privilège du for qu'il étend même aux querelles entre ecclésiastiques et laïques : qui ne reconnaît là deux idées chères
aux collections qui portent la marque du faux Isidore? Bien
plus, la dernière interpolation du canon 7 du IIᵉ concile de
Séville contient une allusion directe aux Fausses Décrétales
contre les chorévêques attribuéeᵉ aux papes Damase et Léon
le Grand : *Quæ omnia eis à sede apostolica prohibita esse noscuntur.*

Il y a donc une recension de l'*Hispana* commune au manuscrit d'Autun et aux Fausses Décrétales; c'est maintenant
le moment de se demander à quelle date cette recension a fait
son apparition. S'il fallait en croire les Ballerini (2), on la
trouverait déjà dans la collection canonique dite d'Héroval,
qui date du vIIIᵉ siècle; elle serait ainsi bien antérieure au
faux Isidore, qui écrivait vers le milieu du ixᵉ siècle. Mais
l'affirmation des Ballerini ne trouve pas le moindre fonde-
ment dans les manuscrits. Pour l'expliquer, M. Maassen émet
l'hypothèse que les Ballerini, par suite d'une confusion ma-
térielle, ont écrit *Herovalliana* au lieu de *Dacheriana*, et qu'en
réalité, ils ont voulu faire allusion à la collection dite de

---

(1) Un des apocryphes insérés dans l'*Hispana* d'Autun est la fausse décrétale de Damase sur les chorévêques. Il serait facile de montrer cette com-
munauté de tendances entre le pseudo-Isidore et l'*Hispana* d'Autun sur
beaucoup d'autres points, par exemple, sur la répression de l'inceste, qui
tient une large place dans les compilations de Benoît et d'Isidore. Je signale,
en passant, sur ce sujet, la brochure de M. de Scherer : *Ueber das Eherecht
bei Benedict Levita und pseudo-Isidor,* Gratz, 1879.

(2) *De antiquis canon. collectionibus,* P. III, c. 4, § 5, nº 5.

d'Achery (postérieure à 774, antérieure à 831). En effet, notre recension se retrouve bien dans le texte imprimé par d'Achery; mais M. Maassen a poussé plus loin ses investigations, et par l'étude à laquelle il s'est livré sur les manuscrits de la *Dacheriana*, dont il met les textes sous les yeux de ses lecteurs, il arrive à les convaincre de cette vérité que l'auteur de la *Dacheriana* n'a fait aucun usage de la recension d'Autun; les traces qu'on en trouve au *Spicilège* (1) de d'Achery proviennent donc du fait de l'éditeur. Ainsi, rien ne prouve que cette recension ait été connue avant 831. D'autre part, Raban Maur, qui a publié en 853 le plus récent de ses deux Pénitentiels, ne paraît pas avoir connu la recension d'Autun. Il n'y a donc pas lieu de la croire antérieure au temps du faussaire qui a rédigé les Fausses Décrétales, je veux dire au milieu du IXe siècle.

A cette époque, elle paraît avoir été assez répandue. M. Maassen prouve que c'est au texte d'Autun qu'ont été empruntées les additions faites au IXe siècle à une collection canonique de date antérieure, conservée dans le ms. 132 de la collection Hamilton, actuellement à Berlin. Il démontre, en outre, que trois manuscrits du Xe ou du XIe siècle, cités en 1721 par Coustant (2) comme conservés à Laon, à Noyon et à Beauvais contenaient aussi le même texte de l'*Hispana*.

Ainsi, dans la seconde moitié du IXe siècle, était répandue en Gaule une recension de l'*Hispana Gallica* déjà modifiée dans le sens des tendances pseudo-Isidoriennes; la même recension se retrouve dans les Fausses Décrétales. Ceci posé, l'origine de cette recension s'explique pour l'une ou l'autre de ces deux opinions : ou le faux Isidore a pris pour base la recension de l'*Hispana* d'Autun, qu'il a augmentée ensuite d'une foule

(1) T. XI, pp. 1 à 99. Ceci montre le danger de certaines corrections établies d'office par les éditeurs. Pourquoi d'Achery a-t-il introduit dans son édition le texte de la *Gallica* remaniée? Pourquoi M. Hinschius a-t-il, en général, rétabli dans son édition du faux Isidore le texte pur de l'*Hispana* donné par l'édition de Madrid?

(2) Préface des *Epistolæ Romanorum Pontificum*, I, § 140. Ces manuscrits, sur lesquels nous ne possédons que les renseignements fournis par Coustant, paraissent actuellement perdus : les travaux de catalogue des manuscrits qui se poursuivent à l'heure présente dans les bibliothèques de France permettront peut-être de les retrouver.

de documents apocryphes, ou la recension du manuscrit d'Autun a été extraite de l'œuvre du faux Isidore. M. Maassen prouve péremptoirement que la première hypothèse est seule admissible. Je ne puis le suivre dans la discussion à laquelle il se livre : il faut me borner à signaler l'argument décisif qu'il tire de la comparaison des recensions de la *Gallica* ordinaire (ms. de Vienne), de la *Gallica* d'Autun et du faux Isidore. Dans la *Gallica* ordinaire s'est introduite, par suite de l'interversion des cahiers du manuscrit type, une confusion qui bouleverse l'ordre des Décrétales (1) : le manuscrit d'Autun fait quelques tentatives assez timides pour y établir un ordre quelconque ou au moins pour mettre une liaison entre les fragments juxtaposés par le hasard; l'auteur des Fausses Décrétales se livre à des tentatives analogues. Or, il est facile de constater que le travail de reconstitution de l'ordre normal est bien plus avancé dans la collection des Fausses Décrétales que dans le manuscrit d'Autun; cela suffit à démontrer que les Fausses-Décrétales représentent un état perfectionné de la recension, en d'autres termes, qu'elles sont l'étape qui a suivi celle marquée par le manuscrit d'Autun.

Maintenant, que le lecteur veuille bien se rappeler les tendances pseudo-Isidoriennes qui se font jour en divers passages du texte d'Autun; qu'il remarque l'analogie frappante qui existe entre ce texte et celui du faux Isidore : il arrivera de lui-même à la conclusion qui ressort des deux mémoires de M. Maassen; par ses origines, la recension d'Autun se rattache soit à la personne, soit à l'entourage du faux Isidore; elle est un membre de cette famille de textes altérés ou invertés à laquelle appartiennent les Fausses Décrétales, la collection de Benoît le Diacre et les *Capitula Angiralmni*. Visiblement, c'est un travail précurseur de l'ouvrage qui porte le nom d'Isidorus Mercator; le faussaire, en remaniant l'*Hispana*, s'essayait à ses grands travaux et se ménageait des matériaux importants; peut-être aussi, en jetant dans la circulation une *Hispana* déjà altérée, préparait-il les esprits de ses contemporains à bien accueillir son œuvre capitale.

_____

(1) Cette confusion avait été déjà signalée par M. Maassen. *Geschichte der Quellen*, n° 729.

II.

Le faussaire était assez habile et assez persévérant pour mener à son terme un travail important; mais qui était le faussaire? C'est là une question plus grave, à laquelle vient de répondre M. Bernhard Simson, bien connu par ses travaux sur l'histoire des Carolingiens.

Après quelques hésitations, les savants s'étaient accordés à placer dans la province de Reims l'origine des Fausses Décrétales. Ils y voyaient, non sans de graves raisons, l'expression d'une tendance hostile aux entreprises dominatrices d'Hincmar, favorable aux idées représentées par ses adversaires, par les partisans d'Ebbon, par Wulfade, par Rothade, par Hincmar le jeune. Là, disaient-ils, a éclaté une lutte acharnée en faveur des évêques, contre l'autorité des métropolitains, contre l'intrusion du pouvoir civil : les évêques opprimés n'ont pu trouver d'appui qu'auprès du Pontife Romain : quoi de plus naturel que de chercher dans cette province l'origine d'une compilation où est exaltée la souveraineté pontificale, rabaissée l'autorité des métropolitains, où les accusations contre les évêques sont entravées, où l'Église est protégée contre les entreprises de la puissance séculière? Cependant, quelques opinions divergentes se produisaient encore; récemment un érudit reprenait cette thèse que les Fausses Décrétales avaient été publiées pour fournir des arguments aux évêques de Bretagne dépossédés de leurs sièges par Noménoé (1).

Tel était l'état de la question quand parut la dissertation du docteur Bernhard Simson; elle introduisit dans le débat une opinion que l'on peut considérer comme nouvelle, quoiqu'elle ait été pressentie par d'éminents érudits (2). D'après cet auteur, les Fausses Décrétales et les documents qui leur sont

(1) Voyez l'article de M. Langen dans l'*Historische Zeitschrift*, année 1883, p. 473. Sur toutes ces questions, je renvoie une fois pour toutes à l'introduction du docteur Hinschius.

(2) En particulier par M. Paul Roth, dans la *Zeitschrift für Rechtsgeschichte*, tome V (1866), p. 18.

apparentés, c'est-à-dire la collection de Benoît le Diacre et les *Capitula Angilramni*, ont été composés dans l'entourage immédiat de l'évêque du Mans Aldric (832-856); ils proviennent ainsi du milieu où, du vivant d'Aldric, un même auteur rédigeait deux chroniques remplies de documents apocryphes : les *Acta Pontificum Cenomannensium* (dans leur première partie, depuis saint Julien jusqu'à Aldric), et les *Gesta Aldrici* (1). M. Simson soutient cette opinion par deux arguments de deux espèces : d'une part, il établit que l'auteur des chroniques Mancelles, s'est servi de matériaux qui ont été employés dans les collections Isidoriennes; d'autre part, il découvre entre les chroniques et les collections Isidoriennes une analogie frappante dans le style, les procédés de composition, les sources, les tendances. Suivons-le de plus près dans cette argumentation.

Une étude attentive lui permet de dégager de deux passages des *Acta Pontificum* quelques-uns des matériaux dont se sont servis Benoît et Isidore. Les deux passages sont : 1° le récit d'un prétendu concile tenu à la cour de Charlemagne, du temps de l'évêque du Mans Gauziolenus ; les chorévêques y auraient été fort maltraités (2); 2° la bulle apocryphe où le pape Grégoire IV prend la protection d'Aldric contre les ennemis qui se préparent à l'accuser et d'avance évoque son procès (3).

Visiblement, le premier de ces fragments est fait à l'aide des mêmes sources où ont puisé Benoît et Isidore pour rédiger les passages qu'ils dirigent contre les chorévêques : pour s'en rendre compte il suffit, avec M. Simson, de placer en regard du fragment des *Acta*, d'une part, les sources dont il est tiré, d'autre part, la Fausse Décrétale du pape Da-

---

(1) Les *Acta* ont été publiés par Mabillon dans les *Vetera Analecta*, éd. de 1723, pp. 239 et s. Les *Gesta* ont été publiés par Baluze, *Miscellanea*, Paris, 1680, III, pp. 1-178, cf. *Patrologie Latine*, cxv. Ces deux collections sont remplies d'apocryphes; on y trouve notamment des diplômes royaux forgés en vue de soutenir les prétentions de l'évêque du Mans contre l'abbé de Saint-Calais. Cf. sur ce point, l'ouvrage de M. Paul Roth : *Geschichte des Beneficialwesens*, Appendice III.

(2) *Acta*, pp. 288-289.

(3) *Acta*, pp. 298 et s. Cette bulle, on le verra plus tard, a dû être fabriquée vers l'an 840. Cf. Jaffé, *Regesta Pontificum Romanorum*, 2ᵉ édition, n° 2579.

mase sur les chorévêques, et les passages correspondants de
Benoît le Diacre : III, 260, 402 et 423. L'examen de la bulle
de Grégoire IV conduit à un résultat analogue : les tableaux
comparatifs dressés par M. Simson permettent de s'en convaincre au premier coup d'œil.

Les observations de M. Simson ne portent que sur des passages empruntés aux *Acta Pontificum Cenomannensium*. Le savant auteur eût pu les répéter sur un fragment de l'autre
chronique Mancelle, les *Gesta Aldrici*, dont l'auteur invoque
plusieurs décrétales à l'occasion du procès débattu entre Aldric
et l'abbaye de Saint-Calais. Je crois utile d'en placer la preuve
sous les yeux du lecteur en lui soumettant le tableau suivant :
la première colonne contient les citations extraites des *Gesta
Aldrici* (1); la seconde contient les textes authentiques d'où
proviennent ces citations; la troisième montre l'emploi qui a
été fait des mêmes sources dans divers passages de Benoît et
d'Isidore.

(1) P. 121 et ss.

GESTA.	SOURCES.	BENED. LEVITA ET ISIDORE.
Excerptum ex decretis Papæ Bonifacii, cap. III. Manifestum est confiteri eum de crimine, qui indulto et delegato judicio purgandi se occasione non utitur. Nihil enim interest utrùm in præsenti examine omnia quæ dicta sunt de eo comprobentur, cum ipsa absentia pro confessione constet.	*Décrétale de Boniface* (Hadriana, 3; Hispana, 32).	Ce passage a été reproduit deux fois dans *Ben.,* I, 37 et III, 43. — Cf. la *Fausse Décrétale du pape Jules* (Hinschius, p. 467), où l'on trouve cette phrase : Sane manifestum est suum eos confiteri crimen, qui toties evocati absque inevitabili causa venisse distulerint et purgandi se voluntate non utuntur.
Ex decretis ejusdem. Nulli dubium est quod reus judicium nocens subterfugit quemadmodum ut absolvatur qui est innocens quærit. Confitetur enim de omnibus quisquis se subterfugere judicium dilationibus putat.	*Même Décrétale de Boniface.* Nullus dubitat quod ita judicium nocens subterfugit, quemadmodum ut absolvatur qui est innocens quærit. Sed astuta cavillatio eorum qui versutis agendum credant consiliis numquam innocentiæ nomen accipiat. Confitetur enim de omnibus quisquis se subterfugere judicium dilationibus putat. (La seconde phrase a été ici omise par le rédacteur du *Gesta;* on verra qu'il en a tiré parti plus loin pour l'insérer dans un texte du pape Célestin.)	*Fausse Décrétale du pape Jules* (Hinschius, p. 465). Nullus dubitat quod ita judicium nocens subterfugit, quemadmodum qui est innocens ut absolvatur requirat.
Item ejusdem cujus suprà. Cavendum est ut si quis adesse neglexerit, dilationem sententiæ de absentia non lucretur; sed quæ male pullulasse noscuntur, radicitus evellantur et emendentur.	*Même Décrétale de Boniface* (Hadriana, 3; Hispana, 32). Si adesse neglexerit, dilationem sententiæ de absentia non lucretu: (*Hisp.* : non lucretur de absentia).	
	Décrétale de S. Léon (Hadriana, Léon, 2; Hispana, 64, 2). Ut quæ male pullulasse noscuntur radicitus evellantur, et messem dominicam zizania nulla corrumpant.	*Ben.,* III, 52. Ea quæ male pullulant radicitus evellantur, et messem dominicam zizania nulla corrumpant. *Fausse Décrétale de Damase sur les choréveques,* p. 513. Quæ mala pullulasse noscuntur radicitus evellantur, ne messam dominicam ulla corrumpant zizania. La même idée est paraphrasée à un autre endroit dans la même décrétale, p. 515.
Item excerptum ex decretis Papæ Innocentii. Veritas sæpius exagitata magis splendescit ad lucem et pernicies revocata in judicium gravius condemnatur. Nam fructus divinus est justitiam sæpius recenseri et errata corrigere, ablata restaurare. Nec otiosa ergò Dominus judex in nobis esse patitur, quæ exercenda, non negligenda, donavit.	*Décrétale d'Innocent* (Hadriana, 35; Hispana, 12). Veritas sæpius exagitata magis splendescit in luce (*Hisp.* lucem) et pernicies revocata in judicium gravius condemnatur. Nam fructus divinus est justitiam sæpius recenseri; fratres charissimi.	*Même Décrétale,* p. 515. Véritas sæpius exagitata magis splendescit in lucem.

GESTA.	SOURCES.	BENED. LEVITA ET ISIDORE.
Excerptum ex decretis Papæ Bonifacii, cap. III. Manifestum est confiteri eum de crimine, qui indulto et delegato judicio purgandi se occasione non utitur. Nihil enim interest utrùm in præsenti examine omnia quæ dicta sunt de eo comprobentur, cum ipsa absentia pro confessione constet.	*Décrétale de Boniface* (Hadriana, 3; Hispana, 32).	Ce passage a été reproduit deux fois dans *Ben.*, I, 37 et III, 43. — Cf. la *Fausse Décrétale du pape Jules* (Hinschius, p. 467), où l'on trouve cette phrase : Sane manifestum est suum eos confiteri crimen, qui toties evocati absque inevitabili causa venisse distulerint et purgandi se voluntate non utuntur.
Ex decretis ejusdem. Nulli dubium est quod reus judicium nocens subterfugit quemadmodum ut absolvatur qui est innocens quærit. Confitetur enim de omnibus quisquis se subterfugere judicium dilationibus putat.	*Même Décrétale de Boniface.* Nullus dubitat quod ita judicium nocens subterfugit, quemadmodum ut absolvatur qui est innocens quærit. Sed astuta cavillatio eorum qui versutia agendum credant consiliis numquam innocentiæ nomen accipiat. Confitetur enim de omnibus quisquis se subterfugere judicium dilationibus putat. (La seconde phrase a été ici omise par le rédacteur du *Gesta*; on verra qu'il en a tiré parti plus loin pour l'insérer dans un texte du pape Célestin.)	*Fausse Décrétale du pape Jules* (Hinschius, p. 465). Nullus dubitat quod ita judicium nocens subterfugit, quemadmodum qui est innocens ut absolvatur requirat.
Item ejusdem cujus suprà. Cavendum est ut si quis adesse neglexerit, dilationem sententiæ de absentia non lucretur; sed quæ male pullulasse noscuntur, radicitus evellantur et emendentur.	*Même Décrétale de Boniface* (Hadriana, 3; Hispana, 32). Si adesse neglexerit, dilationem sententiæ de absentia non lucretu. (*Hisp.* : non lucretur de absentia).	
	Décrétale de S. Léon (Hadriana, Léon, 2; Hispana, 64, 2). Ut quæ male pullulasse noscuntur radicitus evellantur, et messem dominicam zizania nulla corrumpant.	*Ben.*, III, 52. Ea quæ male pullulant radicitus evellantur, et messem dominicam zizania nulla corrumpant. *Fausse Décrétale de Damase sur les chorévêques*, p. 513. Quæ mala pullullasse noscuntur radicitus evellantur, ne messam dominicam ulla corrumpant zizania. La même idée est paraphrasée à un autre endroit dans la même décrétale, p. 515.
Item excerptum ex decretis Papæ Innocentii. Veritas sæpius exagitata magis splendescit ad lucem et pernicies revocata in judicium gravius condemnatur. Nam fructus divinus est justitiam sæpius recenseri et errata corrigere, ablata restaurare. Nec otiosa ergò Dominus judex in nobis esse patitur, quæ exercenda, non negligenda, donavit.	*Décrétale d'Innocent* (Hadriana, 35; Hispana, 12). Veritas sæpius exagitata magis splendescit in luce (*Hisp.* lucem) et pernicies revocata in judicium gravius condemnatur. Nam fructus divinus est justitiam sæpius recenseri; fratres charissimi.	*Même Décrétale*, p. 515. Veritas sæpius exagitata magis splendescit in lucem.

GESTA.	SOURCES.	BENED. LEVITA ET ISIDORE.
Ex decretis Cœlestini Papœ. Non caret enim suspicione qui ad judicium venire contempserit et purgari se distulerit, quia absentia tua est comprobatio. Insuper occurreret veritas si falsitas displiceret. Merito namque causa nos respicit, si silentio faveamus errori. Ergo corripiantur qui hujusmodi sunt modis omnibus ut veritas eorum versutiis non sopiatur, sed astuta eorum cavillatio aptissime et prudenter omnibus manifestetur, atque restituatur quod hactenus occultum et neglectum fuit.	*Décrétale de Célestin* (Hadriana, 12 ; Hispana, 34, 12). Nec otiosa in nobis esse patitur, quæ exercenda, non negligenda, donavit. *Décrétale de Célestin* (Hadriana, 1 ; Hispania, 34, 1). Non caret suspicione taciturnitas, quia occurreret veritas si falsitas displiceret. Merito namque causa nos respicit si silentio faveamus errorem. Ergo corripiantur hujusmodi; non sit liberum... *Décrétale de Boniface* (phrase citée plus haut et omise dans le texte attribuée par les *Gesta* à Boniface). Sed astuta cavillatio eorum qui versutie agendum credunt esse consiliis, numquam innocentiæ nomen acciperet.	*Ben.*, III, 46. Non otiosa in nobis esse patitur qui exercenda, non neglegenda, donavit. *Fausses Décrétales* (Jules, p. 465 ; Damase, p. 515). Quia occurreret veritas, si falsitas displiceret. *Ibid.* (Damase, p. 515. Merito nos, qui summa Ecclesiæ tenere debemus gubernacula, causa respicit, si silentio faveamus errori. *Ben.*, III, 44. Merito causa nos respicit, si silentio faveamus errori.

Il résulte clairement de ce tableau qu'il y a dans les *Gesta Aldrici*, aussi bien que dans les *Acta*, des fragments canoniques où l'on trouve des idées et des phrases analogues à celles des compilations d'Isidore ou de Benoît (1). Peut-on supposer que l'écrivain Manceau a eu entre les mains ces compilations où il aurait pratiqué des coupures (2)? Non; outre que, selon toute vraisemblance, les écrits du Mans, comme on le verra plus loin, sont antérieurs aux écrits Isidoriens, la comparaison des textes prouve qu'il n'y a point eu copie textuelle des uns aux autres. De part et d'autre, on a employé des matériaux identiques; de part et d'autre, on a fabriqué des documents en rajustant des lambeaux taillés dans la même étoffe; mais l'étoffe est commune aux deux groupes d'écrits. C'est l'impression que tout lecteur non prévenu retirera d'une inspection attentive des textes : aussi le docteur

(1) Dans l'opinion qui fut jadis celle de Mabillon et de Papebroch, qui est maintenant celle de MM. Roth et Sickel, les *Acta* (dans leur première partie jusqu'à Aldric) et les *Gesta* sont l'œuvre d'un unique auteur qui écrivait les *Gesta* au temps d'Aldric, après 841; quelques passages des *Acta* ont été insérés après coup, comme, par exemple, le récit de la translation de saint Julien. Je me rallie volontiers à l'avis recommandé par ces imposantes autorités : il me semble d'ailleurs que l'observation que je viens de faire, à propos des fragments canoniques des *Gesta* vient encore à l'appui de cette opinion : les *Gesta* sont, comme la première partie des *Acta*, l'œuvre d'un même auteur qui traitait les textes canoniques avec un sans-gêne extrême. Les mêmes procédés furent appliqués, dans les *Gesta* comme dans les *Acta*, aux décrétales des anciennes collections; ce sont exactement les procédés d'Isidore. Cette ressemblance accuse encore davantage l'air de famille qui caractérise d'une manière si frappante les *Acta* et la première partie de *Gesta* : sûrement il faut les attribuer à un même auteur. D'ailleurs, dans son ensemble, la dissertation de M. Simson ne fait que corroborer cette impression. Cf. sur cette question : Roth, *Geschichte des Beneficialwesens*, appendice III, pp. 451 et ss.; Sickel, *Die Urkunden der Karolinger*, II, p. 287; Simson, *Pseudo-Isidor und die Geschichte der Bischöfe von Le Mans*, dissertation publiée en 1886 dans la *Zeitschrift für Kirchenrecht*, tome XXI, pp. 151 et ss.; Wattenbach, *Deutschlands Geschichtsquellen im Mittelalter*, 5e éd., I, p. 407. Cf. Mabillon, *Vetera Analecta*, éd. de 1723, p. 336. Les auteurs de l'*Histoire littéraire* (V., 144 et ss.) admettent que les *Gesta* ont écrit vers 840, du temps d'Aldric; mais ils soutiennent que les vingt-deux premières notices des *Acta* ont été écrites vingt ans plus tard, sous Robert.

(2) Voir sur cette hypothèse, et sur les questions relatives aux chorévêques, l'ouvrage de Weizsäcker, *der Kampf gegen den Chorepiscopat des fränkischen Reichs im 9 Jahrhundert*.

Simson a-t-il grandement raison de déclarer les compilations du Mans indépendantes, quant à la forme, de celles du faux Isidore; seuls les matériaux et les procédés leur sont communs.

Ces données étant acquises, un pas décisif est fait vers la découverte de la vérité. Nous savons qu'il y eut au Mans, au milieu du ixe siècle, une véritable fabrique d'apocryphes où l'on rédigea les *Acta Pontificum Cenomannensium* et les *Gesta Aldrici* : précisément à la même époque se répandent en Occident deux compilations d'apocryphes fameux, celle de Benoît le Diacre et celle d'Isidore; toutes deux contiennent des matériaux employés dans l'atelier du Mans, et de part et d'autre ces matériaux sont débités d'après les mêmes procédés. N'est-on pas invinciblement amené à en conclure que ces compilations sont l'œuvre des écrivains du Mans?

Au moins, sera-t-on tenté de rapprocher les écrits Manceaux des compilations pseudo-Isidoriennes et d'en comparer la langue et le style. Ainsi nous arrivons au deuxième groupe d'arguments présentés par M. Simson, qui, après avoir fait ce travail de comparaison, en expose longuement les résultats.

Des deux côtés il retrouve le même style, les mêmes tournures, les mêmes mots qui reviennent souvent, parce que l'auteur les affectionne ou leur donne un sens spécial (*præfixus* avec le sens de *præfatus*, *demum* avec le sens de *postea*, *scedula*, *tyranni* (1), *enucleatim*, etc.). Des deux côtés, mêmes procédés de composition; par exemple, même tendance à produire l'effet voulu en accumulant, en vue d'un but unique, une foule de documents apocryphes. Voyez plutôt, dans les chroniques Mancelles, les documents destinés à établir que l'abbaye de Saint-Calais dépend du Mans, et dans les Fausses Décrétales, les documents destinés à restreindre le droit d'accuser les évêques; en effet, il n'en coûte aux faussaires qu'un peu plus de travail pour produire des arguments surabondants. Mêmes allusions perpétuelles, de part et d'autre , à des documents plus nombreux encore, qu'on ne produit point

____

(1) Les arguments tirés de l'emploi des mots *scedula* et *tyranni* me paraissent très faibles. Ces mots sont fréquemment usités dans la littérature carolingienne.

pour n'infliger pas au lecteur un mortel ennui ; même insouciance de la chronologie exacte, mêmes anachronismes grossiers. Il n'est pas jusqu'aux prologues en vers de Benoît le Diacre qui ne ressemblent beaucoup aux *Carmina Cenomannensia* (1) écrits à cette époque par un partisan dévoué d'Aldric, qui pourrait bien être aussi l'auteur des chroniques Mancelles.

Comparez maintenant les modèles que suivent les acteurs de ces diverses œuvres et les sources où ils puisent les documents. L'écrivain Manceau, comme le faux Isidore, a sous les yeux une œuvre qui jouit au moyen âge d'un immense crédit : je veux parler du *Liber Pontificalis*. On sait déjà que le rédacteur des Fausses Décrétales l'a suivi pas à pas, se proposant de refaire, au gré de son imagination, les Décrétales que l'auteur des biographies pontificales attribue à tel ou tel pape ; on sait qu'il a poussé l'imitation jusqu'à placer en tête de sa collection une lettre du pape Damase, se conformant en cela à l'exemple du *Livre Pontifical*. De même, l'écrivain Manceau qui rédige les *Acta* prend souci de se modeler sur les vieilles biographies des papes ; il les copie dans le début de chaque biographie d'évêque (2), comme dans le soin qu'il prend d'indiquer le nombre des ordinations et les fondations ou dotations qui signalent chaque épiscopat. Quant aux sources, nous savons qu'en ce qui concerne la législation canonique, elles sont les mêmes de part et d'autre ; ce sont les mêmes blocs de pierre que le Manceau et le faux Isidore ou le faux Benoît équarrissent. Cela est vrai, même en ce qui concerne les monuments de droit civil qu'il leur faut quelquefois citer ; aux uns et aux autres sont familiers certains abrégés du bréviaire d'Alaric qui, au ixᵉ siècle, ne sont guère employés que par eux, je veux dire : l'*Epitome Ægidii* et la *Scintilla* (3).

<hr>

(1) Voir dans la collection des *Monumenta Germaniæ historica*, le recueil des *Poetæ Latini ævi Carolini,* t. II, éd. Duemmler.

(2) Domnus Hadoindus, Cenomannicæ urbis episcopus....., natione Francus vel Gallus, nobili ex progenie ortus. Hic restauravit atque renovavit multa monasteria... *Acta,* p. 264. Comparez un début pris au hasard dans le *Liber Pontificalis.* Simplicius, natione Tiburtinus, ex patre Castino... Hic dedicavit basilicam... Édition de M. l'abbé Duchesne, p. 249.

(3) Sur ces compilations, voir Hænel, *Lex Romana Visigothorum.* L'emploi qui a été fait des sources du droit romain dans les *Gesta* a été signalé par

M. Simson ne se borne pas à constater, dans les écrits Manceaux et dans les collections pseudo-Isidoriennes, l'identité des matériaux, du style et des procédés de composition ; par un trait qui achève sa démonstration, il met en évidence l'identité des tendances qui les inspirent. Dans l'un et l'autre groupe, on cherche à entraver les accusations contre les évêques, et, pour les mieux protéger, à exalter les droits du Pontife Romain, à assurer et à étendre les privilèges du for ecclésiastique, à écarter l'intervention du pouvoir séculier ; on condamne la sécularisation des biens ecclésiastiques, qui, depuis Charles-Martel, a si fort appauvri l'Église et porté une si grave atteinte aux intentions qui avaient inspiré tant de donations ; on se propose de sauvegarder les débris du patrimoine ecclésiastique, d'obtenir l'exécution des conditions auxquelles ont été soumises les précaires (dîmes, nones, cens, droit éventuel de retour) ; on manifeste la même hostilité à l'égard des chorévêques, qui troublaient le bon ordre des diocèses ; or, on sait qu'au temps d'Aldric il y en avait un dans le diocèse du Mans. Enfin, si l'auteur des compilations pseudo-Isidoriennes se préoccupe de combattre les mariages entre parents, cette préoccupation se montre aussi, au début des *Acta*, dans la vie de saint Julien du Mans.

Il est, à mon avis, des traits d'analogie qui peuvent être ajoutés à ceux qui viennent d'être cités. On sait quelle place occupe, dans les écrits Manceaux, la lutte que soutient Aldric pour établir définitivement sa suprématie sur les monastères de son diocèse et en particulier sur celui de Saint-Calais ; de même plus d'un passage inséré par Benoît dans sa collection

Savigny, dans sa *Geschichte des Röm. Rechts im Mittelalter*, 2e éd., II, pp. 324 et 325. Les *Gesta Aldrici* (p. 139) citent le fameux texte *Redintegrandum* qui joue un si grand rôle dans les Fausses Décrétales et dans l'histoire des actions possessoires. Tout ce passage de la dissertation de M. Simson est d'un haut intérêt pour l'histoire du droit romain. Il faut remarquer que le manuscrit unique où a été conservée la *Scintilla* (Bibl. Nat., suppl. latin, n° 205) provient de l'abbaye de S. Laumer de Blois, qui paraît, à l'époque carolingienne, avoir entretenu des rapports suivis avec l'évêché du Mans. Ainsi s'explique-t-on que la *Scintilla* ait été employée au Mans. Au surplus, l'étude du droit a toujours été en honneur à cette époque dans les régions que traverse la Loire entre Orléans et Tours. Pour les régions voisines, voir M. Caillemer, *Le droit civil dans les provinces anglo-normandes*, Mémoires de l'Académie de Caen, 1883, p. 160.

n'a d'autre but que de placer les moines et les monastères sous la direction des évêques ; j'aurai l'occasion d'y revenir plus loin. Aldric ne fait rien d'important dans son diocèse sans l'avis du métropolitain et des évêques de la province ; or, on se rappelle que, d'après les principes exposés maintes fois par le faux Isidore, l'action du métropolitain dans la province est toujours subordonnée au concours des évêques suffragants (1). Ce dernier point caractérise particulièrement les tendances des Fausses Décrétales ; c'est là-dessus d'ailleurs qu'Isidore fut en contradiction directe avec les idées et les prétentions d'Hincmar.

Tous ces traits et plusieurs autres que signale M. Simson (par exemple, la présence, dans le 1er livre de Benoît le Diacre, d'un faux Capitulaire sur les corvées dues par les *fiscalini*, que Charlemagne aurait rendu *quando in Cenomannico pago fuimus*) (2) conduisent nécessairement à cette conclusion : les collections pseudo-Isidoriennes sont issues de la même origine que les écrits du Mans ; l'écrivain qui a composé les *Gesta Aldrici*, la première partie des *Acta Pontificum Cenomannensium* et peut-être les *Carmina Cenomannensia*, se confond avec le personnage mystérieux qui s'est caché sous le nom de Benedictus Levita ou d'Isidorus Mercator ; c'est un clerc ou un groupe de clercs de l'entourage immédiat d'Aldric.

III.

Considérons maintenant le terrain conquis grâce aux travaux de MM. Maassen et Simson.

1° Il existe une recension de l'*Hispana Gallica* que le faux Isidore, ou une personne de son entourage, a remaniée dans le sens des tendances accusées par les Fausses Décrétales : c'est la recension du manuscrit d'Autun.

2° L'auteur ou les auteurs des collections pseudo-Isido-

---

(1) Sur le concours des *comprovinciales*, voir *Gesta*, p. 65 : « Unâ cum consensu præfati... Archiepiscopi et aliorum omnium scilicet comprovincialium coepiscoporum nostrorum... » On rencontre souvent des mentions analogues.

(2) Bened. Lev., I, 303.

riennes (*Capitula Angilramni*, collection de Benoît, collection d'Isidore ; nous pouvons y ajouter l'*Hispana* du manuscrit d'Autun) ne doivent point être distingués des auteurs des *Gesta Aldrici* et de la première partie des *Acta Pontificum Cenomannensium*. Ils appartiennent à l'entourage d'Aldric, évêque du Mans, de 832 à 856.

Pour satisfaisantes qu'elles soient, ces conclusions ne contenteront pas la légitime curiosité des savants. Ils se demanderont encore dans quel ordre les apocryphes se sont succédé, à quelle date et sous quelle forme ils ont paru, quelles circonstances ont déterminé l'apparition de chacun, comment ces gigantesques falsifications ont pu trouver créance, quelle influence elles ont exercée sur le développement du droit de l'Église.

Là-dessus, M. Simson ne nous donne que des renseignements partiels et incomplets. Sans prétendre trancher toutes ces questions, essayons de déduire de sa dissertation récente les indications qui peuvent contribuer à la solution de ces problèmes.

Dans quelles relations sont entre eux l'ouvrage du faux Isidore et les deux textes qui, depuis longtemps, sont connus pour lui être apparentés : je veux dire les *Capitula Angilramni* et les Capitulaires de Benoît? Sur cette question, les érudits s'étaient partagés ; plusieurs les considéraient comme des œuvres d'auteurs différents. Au contraire, les analogies constatées par M. Simson permettent d'y voir l'œuvre d'un seul auteur ou d'un groupe de collaborateurs animés par une pensée unique. — Sur l'ordre dans lequel les trois compilations devaient être rangées, les canonistes avaient proposé les systèmes les plus divergents. M. Hinschius tient pour l'ordre suivant : 1° collection de Benoît le Diacre ; 2° *Capitula Angilramni*; 3° collection d'Isidore ; la seconde dépendant de la première, la troisième dépendant des deux autres. Cependant M. Wasserschleben se refuse à voir dans les Faux Capitulaires une source des Fausses Décrétales, au moins de celles qui sont données comme antérieures au pape Damase (1) et

<hr>

(1) Voir la *Realencyklopädie* de Herzog pour la théologie protestante, t. XII, pp. 338 et s., et la *Zeitschrift für Kirchenrecht* (Dove et Friedberg), IV, pp. 274 et s.

d'autre part, il considère les *Capitula Angilramni* comme plus anciens que l'œuvre de Benoît le Diacre. A l'inverse, les Ballerini déclarent que les *Capitula* sont un extrait fait après coup de l'œuvre d'Isidore (1). M. Simson n'hésite pas à reconnaître, avec M. Hinschius, que les *Capitula* et la collection de Benoît représentent un degré moins avancé de l'œuvre qui eut pour couronnement la falsification d'Isidore; toutefois, les trois compilations ne sont pour lui que des procédés divers dont se sont servis les faussaires, afin d'assurer l'exécution de leurs desseins : elles ont été fabriquées à l'aide de matériaux pris dans le même chantier, peu altérés dans le court extrait qui porte le titre de *Capitula Angilramni*, plus profondément modifiés dans la compilation de Benoît, transformés davantage encore, mais en vue d'un but déterminé, dans l'œuvre du faux Isidore. En somme, ce sont trois ruisseaux issus d'une même source et, sans doute, séparés dès leur origine. Si cependant la parenté semble, en général, plus étroite entre les *Capitula* et Benoît le Diacre, le mode de composition des trois textes explique que parfois aussi les *Capitula* et les Fausses Décrétales s'unissent pour donner une leçon moins éloignée de la forme primitive que ne l'est celle de Benoît.

La question de date n'est pas moins délicate. *A priori* il semble que les collections Mancelles doivent être considérées comme plus anciennes que les collections pseudo-Isidoriennes : en effet l'emploi des sources apocryphes y est plus restreint, et d'ailleurs, les Fausses Décrétales n'y sont pas citées expressément; or, si, par exemple, la Fausse Décrétale de Damase sur les chorévêques eût été déjà rédigée de toutes pièces, le rédacteur des *Acta* eût été certainement tenté d'invoquer, contre les chorévêques, l'autorité d'un pape aussi universellement connu. La critique confirme cette conclusion; tandis que les collections Mancelles paraissent avoir été rédigées vers 843 (sauf en quelques passages intercalés après coup) (2), les collections pseudo-Isidoriennes datent vraisemblablement des années 845 à 851.

(1) Ballerini, *De antiquis canonum collectionibus*, part. III, c. 6, § 2, n° 8.
(2) Voyez la *Translatio S. Juliani*, postérieure à la mort d'Aldric, *Acta*, p. 241. Cf. sur les compilations du Mans l'article de M. Simson, dans la *Zeitschrift für Kirchenrecht*, tom. XXI, p. 153.

Les *Gesta Aldrici* sont en effet l'œuvre d'un contemporain qui écrivait du vivant d'Aldric; cette œuvre, recueil assez mal ordonné, ne prolonge pas la biographie de l'évêque au delà d'un événement dont elle nous donne un double récit (1), et qui paraît très important pour l'histoire de nos apocryphes. Vers 840, après la mort de Louis le Débonnaire, Aldric fut l'objet de persécutions violentes de la part de deux seigneurs puissants, ennemis de Charles le Chauve, auxquels s'était uni l'abbé Sigismond de Saint-Calais; évidemment, dès les premiers temps de son épiscopat, Aldric avait dû se trouver en conflit avec cette abbaye à laquelle il disputait son indépendance. Pour un temps, le triomphe des adversaires d'Aldric fut si complet, que l'évêque fut expulsé de son diocèse; les biens de l'Église du Mans furent mis au pillage, sept hôpitaux fondés par Aldric furent ruinés (2). Ce ne fut qu'après la bataille de Fontanet et le triomphe de Charles le Chauve qu'Aldric fut rendu à son siège épiscopal, sans que l'abbaye de Saint-Calais ait été d'ailleurs contrainte à se soumettre à l'évêque. Or, si l'on se rappelle que le récit de ces événements, survenus en 841 et 842, termine les *Gesta*, on conviendra facilement que cette œuvre a dû être rédigée peu de temps après la restauration d'Aldric, probablement vers 843.

Ceci admis, nous possédons une indication qui peut servir à déterminer la date des *Acta Pontificum;* ils existaient dès 843, car les *Gesta* les mentionnent au début du chap. XLVII : « Placuit in hac scedulâ, quæ de quibusdam actibus Pontificum Cenomannica in urbe degentium usque ad Aldricum, ejusdem urbis episcopum conscripta esse dinoscitur, inserere relationem..... » Quant à la fausse bulle de Grégoire IV, elle doit vraisemblablement être reportée à la date où Aldric était sous la menace de persécutions violentes, c'est-à-dire aux environs de l'année 840. En effet, sa situation, en 840, pré-

____

(1) *Gesta*, pp. 140 et 145.

(2) Sur la ruine des hôpitaux, sur l'état où les adversaires de la réforme ecclésiastique réduisaient les monastères, voir le concile de Meaux (845), c. 40 et s. et les faux Capitulaires de Benoît, *passim*. Sur la persécution dont Aldric fut l'objet, le récit des *Gesta* est contrôlé par un autre témoignage, la *Translatio S. Mauri*, Bolland., Januar., I, 1056.

sentait une analogie frappante avec celle des évêques spoliés
et accusés dont la protection est la préoccupation la plus
vive du faux Isidore; déjà les clercs de son entourage,
préludant aux Fausses Décrétales, invoquent l'autorité du
Saint-Siège en faveur du pontife persécuté, et tentent de
paralyser ses adversaires en leur opposant l'apocryphe où
Grégoire IV se réserve la connaissance des accusations in-
tentées contre Aldric. En résumé, je ne crois pas qu'on s'é-
loigne beaucoup de la vérité en plaçant entre 835 et 843 l'é-
closion de toutes ces œuvres du Mans, les *Gesta* n'ayant été
rédigés qu'en 843.

Dès cette époque, nous pouvons le constater, on avait réuni
au Mans bon nombre de matériaux pseudo-Isidoriens; parmi
ces matériaux, il est sans doute permis de compter l'*Hispana
Gallica* dans la forme du manuscrit d'Autun; en effet, le
fragment cité plus haut des *Acta* contre les chorévêques re-
produit un passage de l'*Hispana* avec une modification propre
au texte d'Autun et du faux Isidore (1).

Ainsi, dès 843, les clercs du Mans sont habitués à la con-
fection des apocryphes; ils n'hésitent pas à s'en servir dans
les luttes où ils se trouvent engagés; leur arsenal est rempli
de ces armes équivoques, qu'ils sauront en faire sortir suivant
les circonstances. Il n'est pas impossible de déterminer les
faits qui les ont poussés à publier les collections pseudo-Isidoriennes, notamment les Faux Capitulaires et les Fausses
Décrétales.

Recherchons d'abord quel événement a pu provoquer, vers
le milieu du ix⁰ siècle, la composition des Faux Capitulaires.
A mon avis, aucun événement de la vie d'Aldric ne nous en
fournit une explication suffisante; je serais bien plutôt tenté
d'en trouver la cause dans l'histoire générale de l'Église de
France. On sait dans quel état lamentable était tombée cette
Église au milieu du ix⁰ siècle et quels désordres s'y étaient
développés à la faveur des troubles civils; on n'ignore pas que

____

(1) Le passage des *Acta* sur les chorévêques (p. 288) s'inspire évidemment de la recension du 7⁰ canon du II⁰ concile de Séville telle qu'elle est
donnée par le manuscrit d'Autun. Cf. Simson, p. 8; Maassen, I, p. 23. On
peut faire une observation analogue sur un texte de la fausse bulle de Grégoire IV emprunté à la décrétale d'Innocent à Victricius de Rouen.

les tentatives de réforme, proposées à diverses reprises par
les conciles, échouèrent misérablement par suite du défaut de
concours du pouvoir séculier. En 845, au concile de Meaux,
l'œuvre réformatrice avait été codifiée en quatre-vingts canons
qui furent présentés à la sanction de la diète tenue à Épernay
au printemps de l'année suivante ; or l'assemblée fit un très
mauvais accueil à ces canons, dont elle ne voulut confirmer
que dix-neuf (1). Dès lors, il était évident pour tous que les
seigneurs laïques étaient trop intéressés à entretenir l'anarchie
dans l'Église et le pouvoir royal trop faible et trop hésitant
pour que l'œuvre des conciles réformateurs pût obtenir de ce
côté un appui efficace. N'est-il pas vraisemblable de penser
qu'alors, en désespoir de cause, un clerc de l'entourage de
l'évêque du Mans, très mêlé aux événements de ce temps, a
voulu supprimer la difficulté en présentant les dispositions
réformatrices sous la forme de capitulaires providentiellement
retrouvés? Plus n'était besoin d'obtenir la sanction royale ;
elle était donnée à l'avance, puisqu'on publiait d'anciens actes
de la royauté. Cette conjecture me paraît d'autant plus plau-
sible que, si l'on compare les canons de Meaux et la collection
bien plus étendue de Benoît, il est facile d'y retrouver une
foule de prescriptions qui manifestent des tendances com-
munes : réglementation de la situation des chorévêques, obligation imposée aux prêtres de ne point recevoir de femmes,
nécessité de remédier à la décadence des couvents tombés
dans les mains des laïques, de relever les hôpitaux, de répri-
mer la simonie, l'usure et le rapt, de protéger les biens de
l'Église contre les usurpations continuelles, d'empêcher les
clercs de passer sans autorisation du service de l'Église au
service du roi, etc... Notez, d'ailleurs, que la plupart de ces
dispositions réformatrices n'avaient pas obtenu la sanction
royale à Épernay ; vous comprendrez alors la pensée qui anime
le faux Benoît. Sans doute, son œuvre a une portée bien plus
large que les canons de Meaux ; c'est qu'à la différence des
membres des conciles, il n'était retenu par aucun ménage-
ment politique et pouvait présenter, sous la forme la plus
complète, sa législation réformatrice.

(1) Cf. Prudence de Troyes, dans Pertz, *Scriptores*, I, 442, et Hefélé, *Histoire des conciles* (traduction française), V, p. 322.

Ainsi la collection de Benoît est, comme l'a vu M. Hinschius (1), en corrélation étroite avec l'issue du concile de Meaux et de la diète d'Epernay; elle n'est donc pas antérieure au mois de juin 846. Toutefois, rien n'empêche de penser qu'elle a été commencée dès la fin de 846. M. Hinschius estimait que le préambule en vers de Benoît le Diacre, où il est question de l'archevêque de Mayence Otcar, ne pouvait avoir été écrit qu'après la mort de ce personnage, survenue le 21 avril 847 : M. Simson montre que cette conclusion ne s'impose nullement à la critique; d'ailleurs, les allégations du faux Benoît, relatives à ses relations avec Mayence, ne semblent mériter aucune confiance. En tous cas les Faux Capitulaires, à quelque époque qu'ils aient été commencés, sont certainement antérieurs aux Fausses Décrétales, de la date desquelles il convient maintenant de dire quelques mots (2).

La collection de Benoît le Diacre fut, à peu de distance, suivie de celle du faux Isidore, sans doute préparée par les *Capitula Angilramni*. D'après M. Hinschius, le document le plus ancien où soient citées les Fausses Décrétales est le célèbre *Narratio* des clercs de Reims, jadis ordonnés par l'archevêque Ebbon, qui cherchaient à établir contre Hincmar la régularité de leur ordination : il date cette pièce de l'année 853, date qui, à bon droit, semble prématurée à M. Maassen (3). Toutefois, au point de vue qui nous occupe, peu importe de reculer la date de la *Narratio;* car, ainsi que l'ont reconnu MM. Langen et Schrörs, les Fausses Décrétales sont citées expressément dans les *Capitula* donnés par Hincmar à son clergé en l'année 852 (4). En 857, elles reparaissent dans les actes de l'assemblée de Quierzy (5), et, depuis lors, elles sont couramment citées en France, par Hincmar, par ses adversaires, par les évêques de la province de Sens, etc. (6).

(1) P. CLXXXV.

(2) Les Faux Capitulaires sont cités par le Capitulaire de Quierzy de 857 (Pertz, *Legès*, I, 454). M. Hinschius a exposé dans son Introduction les arguments qui prouvent l'antériorité des Faux Capitulaires sur les Fausses Décrétales.

(3) Maassen, *Anzeiger der Wien. Akad.*, 1882, 73 et s.

(4) Langen, *op. citat.* Schrörs, *Hinkmar, Erzbischof von Reims* (Fribourg-en-Brisgau, 1884, in-8°), p. 48.

(5) Pertz, *Leges*, I, 453.

(6) Hardouin, V, 537.

Qu'on veuille bien maintenant se rappeler que les Fausses Décrétales, connues dès 852, sont postérieures aux Faux Capitulaires, rédigés au plus tôt en 846-847 : on en conclura nécessairement qu'elles ont été rédigées en 849 ou 850. C'est à peu près la conclusion de M. Hinschius à laquelle nous revenons par des arguments un peu différents des siens.

Mais quel motif a pu, en 849, pousser un clerc Manceau à composer les Fausses Décrétales? Croire que les incidents de la vie d'Aldric expliquent l'entreprise du faux Isidore serait donner à son œuvre une base trop étroite; au surplus les persécutions dirigées contre Aldric, qui auraient surtout motivé les Fausses Décrétales, remontent à l'année 840, date à laquelle il serait contraire à toutes les vraisemblances de placer la composition de cette collection. Il faut donc chercher parmi les événements de ce temps un fait assez considérable pour avoir ému les clercs du Mans et les avoir portés à mettre en circulation de nouveaux apocryphes.

Sans doute, à cette époque, dans la province de Reims, la querelle d'Hincmar avec les clercs ordonnés par Ebbon était toujours pendante, et remettait en question toutes les controverses relatives à la dépossession, à la restitution et à la translation des évêques. Sans doute, les Fausses Décrétales ont plus tard fourni des armes à tous les ennemis d'Hincmar; sans doute elles ont été le meilleur moyen de combattre les tentatives de l'énergique prélat pour relever le pouvoir des métropolitains; aussi beaucoup d'érudits ont attribué la paternité des Fausses Décrétales aux adversaires d'Hincmar : *is fecit cui prodest*. Mais si séduisante qu'elle soit, cette opinion rencontre une objection assez grave. Si les Fausses Décrétales ont été forgées pour servir d'arme contre Hincmar, comment l'archevêque n'a-t-il pas signalé le faux? Il était assez versé dans la connaissance des sources du droit pour le découvrir, et assez engagé personnellement dans la lutte pour n'hésiter point à dévoiler la fourberie : son indifférence serait inexplicable. Elle s'explique bien mieux si le faux Isidore a accompli son œuvre loin de Reims, sous l'empire de circonstances qui, ne touchant pas personnellement Hincmar, ne l'ont pas amené à protester directement et immédiatement contre le faux. Plus tard, au fort des luttes qu'il eut à soutenir, la protestation lui devint plus difficile, d'abord parce que quelques années s'étaient écoulées, puis parce que peut-être il trouvait dans les Fausses Décrétales certaines prescriptions qui ne lui étaient pas antipathiques, par exemple celles qui concernent les chorévêques. Mais si les Fausses Décrétales avaient été fabriquées dans sa province et contre lui, il est vraisemblable qu'Hincmar les eut du premier coup rejetées en bloc.

Or, il se passait vers 848 et 849, dans la province de Tours, des événements de nature à fixer, bien plus que les querelles de Reims, l'attention anxieuse de l'évêque du Mans, l'un des plus anciens suffragants du métropolitain : je veux parler des tentatives auxquelles se livrait le duc Breton Noménoé pour secouer le joug de la royauté carolingienne (1). Afin de mieux assurer l'indépendance bretonne, il fallait rompre les liens qui rattachaient les diocèses de Bretagne à la métropole de Tours : il fallait renouveler l'épiscopat breton, se débarrasser des évêques dont les tendances nationales ne seraient pas avérées, et organiser une province bretonne sous la direction d'un métropolitain placé à Dôle et d'évêques dévoués dont on augmenterait le nombre. Je n'ai pas à refaire ici le récit de cette lutte : nous savons à n'en pouvoir douter qu'Aldric s'y intéressa vivement; car, indépendamment des relations qui l'unissaient à son métropolitain et aux évêques persécutés par Noménoé et des traditions qui donnaient à l'évêque du Mans, dans la province de Tours, le premier rang après le métropolitain (2), Aldric voyait son diocèse en butte aux incursions désastreuses des guerriers bretons acharnés à la lutte contre le royaume Franc; aussi est-il présent à l'assemblée d'évêques tenue à Paris, en 849, pour traiter des affaires

(1) L'idée de faire remonter l'origine des Fausses Décrétales aux événements de Bretagne avait été déjà émise en 1836 par Kunstmann, *Die Canonensammlung des Remedius von Chur*, Zübingen. Elle a été reprise par M. Langen dans l'article publié en 1883 dans l'*Historische Zeitschrift*. Malheureusement, l'auteur a introduit dans sa dissertation une opinion contestable, celle qui attribue à Loup de Ferrières la paternité des Fausses Décrétales.

(2) « Celeberrimum est Cenomannensis ecclesiæ præsulem post Turonensem archiepiscopum totius Turonensis dioceseos obtinere primatum, et post decessum Archiepiscopi cuncta ejusdem Ecclesiæ negotia illius arbitrio debere disponi. » *Acta Pontificum Cenomannensium*, p. 310.

de Bretagne et signe-t-il, après son métropolitain, la lettre adressée par les évêques à Noménoé pour l'arrêter dans ses entreprises (1).

Alors, en effet, les prélats qui occupaient les sièges de Bretagne, accusés de simonie par le duc, avaient été expulsés de leurs sièges : deux d'entre eux avaient été envoyés à Rome sous la conduite de l'abbé breton Convoiion tout dévoué à Noménoé. La bulle de Léon IV qu'ils en rapportèrent en 848 ou 849 déclare, entre autres décisions, qu'un évêque convaincu de simonie doit être déposé; mais, d'autre part, elle exige, pour la condamnation d'un évêque, la présence de douze de ses collègues et la production de soixante-douze témoins, et lui réserve toujours le droit d'interjeter appel au Saint-Siège (2). Sur la législation qu'il faut appliquer dans ces procès, Léon IV donne le conseil de s'en rapporter aux canons et aux décrétales : *De libellis et commentariis aliorum non convenit aliquem judicare, et sanctorum conciliorum canones relinquere, vel Decretalium regulas, id est quæ habentur apud nos simul cum illis in canone, id est : Apostolorum, Nicænorum, Ancyranorum, Neocesariensium, Gangrensium, Antiochiensium, Carthaginensium, Africanensium, et cum illis regulæ præsulum Romanorum, Silvestri, Siricii, Innocentii, Zosimi, Cœlestini, Leonis, Gelasii, Hilarii, Symmachi, Simplicii, Horsmidæ et Gregorii junioris.* Il s'agit vraisemblablement ici de la collection dite *Hadriana* dont le pape résume incomplètement le contenu. Les Fausses Décrétales ne sont pas encore connues; il n'est pas possible de supposer qu'elles soient visées, pour être écartées, par ces mots *libelli et commentarii aliorum*, qui ne font pas allusion à des documents présentés comme des décrétales, mais à des documents d'une autre nature. Ainsi le pape entoure de formalités et de garanties la procédure criminelle contre les évêques, maintient pour les accusés le droit d'appel au Saint-Siège, et renvoie aux canons et aux décrétales juges, accusateurs et parties. Toutefois, il ne croit pas permis de conserver sur son siège, après la pénitence accomplie, un évêque convaincu de simonie.

(1) Hardouin, *Conciles*, V, 19.

(2) Jaffé, *Regesta Pontificum Romanorum*, 2e éd., n°.2599. Cf. l'article déjà cité de M. Langen, p. 475.

Supposez maintenant qu'il y ait à cette époque au Mans,
sur le siège épiscopal ou dans l'entourage de l'évêque, un partisan ardent des évêques persécutés par Noménoé, adversaire
déterminé des Bretons, aussi peu scrupuleux dans le choix
des moyens qu'habile dans l'art de forger des apocryphes,
encouragé par le succès de ses faux antérieurs; évidemment
il sera tenté de faire pour les décrétales ce qu'il a fait pour
les capitulaires; il en composera une abondante collection
où les papes de l'antiquité fourniront les meilleurs arguments
aux adversaires de Noménoé, aux évêques accusés et persécutés, à tous ceux qui veulent sauvegarder l'unité de la province de Tours. Comblant une lacune de la législation canonique signalée par la bulle de Léon IV, il permettra aux
évêques pénitents de conserver leurs sièges (1); veillant sur
les intérêts de la province de Tours, il rendra impossible la
constitution d'une province ecclésiastique de Bretagne en
exigeant un très grand nombre de sièges pour chaque province et en défendant de placer ces sièges dans des endroits
peu importants; il entravera autant qu'il le pourra les accusations contre les évêques et exigera que ceux qui ont été
brutalement spoliés soient rétablis sur leurs sièges avant tout
procès; il laissera au Pontife Romain la connaissance définitive des causes des évêques; il ne négligera rien pour écarter
du gouvernement des affaires ecclésiastiques et du patrimoine
de l'Église le pouvoir séculier représenté par le persécuteur
Noménoé, l'ennemi des rois Francs; et s'il n'est pas favorable
au pouvoir des métropolitains tel que le conçoit Hincmar,
c'est parce qu'il écrit au Mans et qu'il ne saurait oublier qu'il
sert les intérêts d'un évêque et non d'un archevêque. Ce sont
précisément les principales tendances des Fausses Décrétales; ces observations suffisent, à mon avis, pour établir
qu'il y a une convenance singulière entre le recueil du faux
Isidore et les nécessités des évêques poursuivis par Noménoé.
Cette convenance avait été reconnue il y a quelques années
par M. Langen (2); mais sa dissertation n'avait pas suffi à
convaincre les érudits qui plaçaient dans la province de Reims

(1) Disposition surtout intéressante pour les évêques accusés de simonie
c'était le cas des évêques de Bretagne poursuivis par Noménoé.

(2) Voir, sur ces analogies, l'article déjà cité de l'*Historiche Zeitschrift.*

le berceau des Fausses Décrétales. Maintenant il est prouvé que les Fausses Décrétales sont l'œuvre d'un écrivain Manceau; d'ailleurs, tout porte à croire qu'elles ont été composées vers 850 (1); il paraît donc évident que la composition en a été provoquée par les excès de Noménoé, et que l'un des buts du faux Isidore (je ne dis pas son but unique) a été de venir en aide aux suffragants de Tours, comprovinciaux d'Aldric, qui étaient exposés aux persécutions du Breton.

Telle me semble avoir été l'occasion de la publication des Fausses Décrétales; toutefois, je ne saurais le contredire, leur grande fortune provient en partie de l'appui qu'elles ont fourni aux partisans d'Ebbon dans leur lutte contre Hincmar, puis aux évêques si rudement poursuivis par le rigoureux métropolitain. Il n'est pas difficile d'expliquer comment les adversaires d'Hincmar ont été rapidement mis en possession des Fausses Décrétales; il y avait à cette époque, entre les Églises de France, des communications assez fréquentes, ne fût-ce que par les nombreuses assemblées d'évêques; Aldric y était convoqué, comme le prouvent sa présence en 846 et en 849 aux synodes de Paris et la lettre qu'il écrivit en 853 pour s'excuser de ne point venir au synode de Soissons (2); lui et ses clercs devaient entretenir des relations continuelles avec les autres évêques et les clercs de leur entourage. Évidemment, mille occasions s'offrirent aux clercs du Mans de communiquer les Fausses Décrétales aux clercs des diocèses de la province de Reims auxquels elles pouvaient procurer d'irrésistibles arguments (3).

(1) Je n'ignore pas qu'on pourrait, sur la date des Fausses Décrétales, soutenir un autre système, fondé sur une lettre où Hincmar déclare à son neveu Hincmar de Laon qu'il connaissait le recueil du faux Isidore, *priusquam formareris in utero* (*Patrologie latine*, CXXVI, 534). Or, Hincmar le jeune avait vraisemblablement au moins vingt-cinq ans quand il devint évêque, en 858 : ce qui reporterait la composition des Fausses Décrétales à 830 ou 833. C'est là une hypothèse absolument inadmissible : il faut donc considérer les expressions d'Hincmar comme une pure exagération.

(2) Hardouin, *Conciles*, V, 19 et s.; Pertz, *Leges*, I, 417.

(3) Pas n'est besoin, à mon avis, de recourir, pour expliquer cette communication, au voyage à Rome entrepris en 863, par l'évêque Rothade de Soissons, l'un des adversaires d'Hincmar, accompagné de Robert, successeur d'Aldric sur le siège du Mans.

Fixés sur la date et la patrie des Fausses Décrétales, nous ne le sommes pas encore sur la première forme sous laquelle fut produite cette compilation célèbre. On sait que M. Hinschius considère comme la forme primitive des Fausses Décrétales celle qui est représentée par les manuscrits de la classe qu'il désigne sous le nom de classe A¹; on y trouve les Décrétales depuis saint Clément jusqu'à Miltiade, puis les canons de l'*Hispana* modifiée, enfin les Décrétales depuis Silvestre jusqu'à Grégoire II. Au contraire, M. Wasserschleben (1) et d'autres érudits sont d'avis que la forme primitive doit être cherchée dans les manuscrits de la classe A², bien moins complets que ceux de la classe A¹; ils ne contiennent point de canons de conciles, et les Décrétales s'y arrêtent au pontificat de Damase. Or, remarquez que c'est à ce pontificat que remontent les Décrétales authentiques les plus anciennes qui avaient été insérées dans l'*Hispana*, et vous comprendrez dès lors comment s'est formé, dans l'opinion de M. Wasserschleben, le texte des manuscrits A¹; on aurait ajouté à la série primitive des Fausses Décrétales, depuis saint Clément jusqu'à Damase, les canons et les décrétales d'une *Hispana* remaniée, interpolée et augmentée d'apocryphes.

Je n'ai pas à me prononcer entre ces deux opinions et je n'entreprendrai pas de résumer ici les arguments de chacune : j'avoue que la seconde me paraît à la fois plus simple et plus séduisante. Cependant, les nouveaux travaux sur les Fausses Décrétales semblent amener une observation assez peu favorable au système de M. Wasserschleben. Si l'on suit l'avis de ce canoniste, il faut supposer Isidore composant uniquement sa première édition d'apocryphes forgés par lui (les Décrétales jusqu'à Damase), et plus tard y ajoutant, en vue d'une seconde édition, la préface et la version de l'*Hispana* augmentée d'interpolations nombreuses. Cela s'expliquerait surtout si l'on pouvait démontrer qu'il n'a préparé sa recension de l'*Hispana*, celle du manuscrit d'Autun, qu'après avoir mis en circulation sa première édition, c'est-à-dire à une époque assez tardive. Or, comme on l'a vu plus haut, il y a

____

(1) OEuvres indiquées plus haut, à la page 22. Sur cette question. M. Maassen partage l'opinion de M. Hinschius : *Pseudo-Isidor Studien*, I, p. 4.

dans les *Acta Pontificum Cenomannensium*, qui remontent aux premiers temps de la carrière littéraire d'Isidore, des passages évidemment empruntés à l'*Hispana* remaniée (1). Pour soutenir l'opinion de M. Wasserschleben, on devrait admettre que, tout en ayant à sa disposition une forme de l'*Hispana* préparée en vue de ses desseins, le faux Isidore ne l'a pas mise en circulation dès la première édition de son œuvre; il l'aurait gardée en réserve pour une seconde édition. Je ne dis pas que cela soit impossible; cependant, ce fait me paraît constituer une objection de quelque gravité contre l'hypothèse de M. Wasserschleben, qui, je l'avoue, est à première vue une explication assez naturelle de la différence qui existe entre les manuscrits de la classe A¹ et ceux de la classe A² (2).

IV.

Telles sont les observations que m'a suggérées la lecture des mémoires de MM. Maassen et Simson. Quoi qu'il en faille penser, il me semble que le lecteur est maintenant en mesure d'apprécier l'étendue des services rendus par ces savants à l'étude de cet épisode si intéressant de l'histoire du droit canonique.

Leurs mémoires ne touchent pas à diverses questions souvent débattues. Ils ne nous apprennent rien de nouveau sur l'attitude du Saint-Siège à l'égard de la compilation Isidorienne; là-dessus, je crois qu'on peut, en toute sécurité, s'en tenir à cette idée, formulée jadis par un éminent érudit, que

(1) Voir plus haut, pag. 23.

(2) Au surplus, les Fausses Décrétales ont été l'objet des combinaisons les plus variées. M. Hinschius a signalé, dans son introduction, les diverses formes qu'en fournissent les manuscrits. Le manuscrit de Grenoble, nº 16, provenant de la Grande-Chartreuse, qui a échappé aux recherches de M. Hinschius, présente les Fausses Décrétales sous une forme tout à fait originale. Je me réserve d'en faire l'objet d'une étude particulière, je veux seulement indiquer ici l'un des traits les plus caractéristiques de ce manuscrit : les canons empruntés à l'*Hispana* dans la forme ordinaire y sont remplacés par une collection des Actes des six premiers conciles généraux et du concile romain de 649. Ce manuscrit a été signalé par M. de Schulte dans son *Iter Gallicum*, publié en 1868 dans les *Sitzungsberichte* de l'Académie impériale de Vienne, classe de philosophie et d'histoire.

les papes, bien loin de se jeter avec empressement sur des documents si favorables à leur autorité, n'en ont usé pendant longtemps qu'avec une extrême réserve et un vague sentiment du vice de leur origine (1). Cela est incontestablement vrai de Nicolas Ier; le P. Lapôtre a prouvé, il y a quelques années, contrairement à une opinion de M. Maassen, que cela est vrai d'Hadrien II. Au surplus, les papes du IXe siècle n'avaient pas besoin des Fausses Décrétales pour assurer leur autorité; jamais elle n'avait paru plus nécessaire aux diverses fractions de la société chrétienne. Alors la plénitude de puissance que les papes tiennent du texte évangélique se développe par la force même des choses; un mouvement unanime de l'opinion achève de concentrer entre leurs mains la puissance suprême, afin de les mettre en mesure de sauvegarder la liberté de l'Église (2).

Non seulement il est vrai de dire que les papes, à cette époque, n'avaient pas besoin du secours du faux Isidore pour affermir leur puissance; il est peut-être plus vrai encore de dire que le faux Isidore avait besoin du secours de l'autorité pontificale pour atteindre sûrement son but. En effet, s'il eut recours à des moyens détestables, quoique trop souvent employés de son temps, Isidore appartenait cependant au groupe de membres du clergé qui voulaient la réforme de l'Église (3); il convient d'esquisser la démonstration de cette vérité.

J'ai déjà montré comment la nécessité d'une réforme a provoqué la composition du recueil de Benoît le Diacre; le désir de porter remède aux maux de l'Église apparaît nettement dans cette collection, qui a pour but de suppléer à la coupable défaillance du pouvoir civil et de reprendre en la

(1) Je rapporte ici les conclusions du P. de Smedt citées par le P. Lapôtre dans la *Revue des questions historiques,* tom. XXVII (1880), p. 380. L'article du P. de Smedt a été publié en 1870 dans les *Études religieuses... publiées par les Pères de la Compagnie de Jésus.* Il a pour titre : *Les Fausses Décrétales, l'épiscopat franc et la Cour de Rome du IXe au XIe siècle.*

(2) Voyez, sur ce point, les idées très justes exprimées par M. Rocquain, dans son ouvrage sur la *Papauté au moyen âge.* Paris, 1881, pp. 44 et s.

(3) Ce désir de réforme inspirait ainsi l'auteur des gloses publiées par M. Maassen, en 1877, sous ce titre : *Glossen des Canonischen Rechts aus dem Carolingischen Zeitalter, Sitzungsberichte* de l'Académie impériale de Vienne, classe de philosophie et d'histoire.

complétant l'œuvre entravée des conciles réformateurs. Quant
au recueil du faux Isidore, il y a longtemps que la même
tendance y a été signalée : on a fort bien dit qu'il se préoccupe « de développer l'esprit religieux, d'épurer les mœurs,
de réglementer le culte et de raffermir la discipline ébran-
lée (1). » Or, les chroniques Mancelles, qui se rattachent à la
même famille d'écrits, manifestent les mêmes aspirations : il
ne serait pas difficile d'énumérer les divers buts qu'elles poursuivent en commun, non seulement avec les apocryphes Isidoriens, mais avec les conciles contemporains : respect du
patrimoine de l'Église et des pauvres, lutte contre les chorévêques qui introduisent l'anarchie dans les diocèses, réforme
des mœurs du clergé et du peuple, prohibition des unions in-
cestueuses, etc. (2). J'insiste seulement sur un point : la situation anormale des monastères, qui n'était pas l'un des
moindres éléments du désordre dont gémissait la partie saine
de l'Église. Une des premières causes de ce désordre était que
les laïques recevaient sans cesse du roi des biens attribués
jadis par la piété des fidèles aux maisons religieuses : non seulement les domaines des monastères sont, depuis longtemps,
l'objet de déprédations ; mais il y a des abbayes qui sont con-
fiées à des laïques ; c'est ainsi que Robert le Fort possède
l'abbaye de Marmoutiers et que ses descendants réuniront en
leurs mains les abbayes les plus importantes de France. On
sait ce qu'a coûté à l'Église cette « situation anormale et mons-
trueuse d'un clergé monastique jeté en proie à l'avidité des
grands, matérialisé, transformé en fief, c'est-à-dire en pro-
priété qu'on se passait de père en fils dans des familles de sol-
dats plus ou moins grossiers et ignorants » (3). Les canons 40

(1) J'aime à citer ici l'opinion souvent exprimée par mon respecté et savant
maître, M. Ad. Tardif, professeur à l'École des Chartes. Cette opinion a été
recueillie par M. Paul Viollet dans son *Précis de l'histoire du droit français,*
I, p. 49.

(2) On pourrait signaler par exemple, le souci que prennent de la restauration des hôpitaux Aldric et les conciles de son temps (concile de Meaux, 40;
Gesta Aldrici, c. XLIV et *passim*). Aldric établit la vie commune pour les *cano-
nici* de l'Église du Mans ; c'est le vœu du concile de Meaux (concile de Meaux,
53 ; *Gesta Aldrici*, p. 7).

(3) Luchaire, *Histoire des institutions monarchiques de la France*, II, p. 83.
Cf., sur cette sécularisation, Bourgeois, *Le Capitulaire de Kiersy-sur-Oise*, p. 262.

et 43 du concile de Meaux protestaient déjà contre cet abus.
N'est-ce pas la même pensée qui se fait jour dans ce passage
du *Gesta Aldrici*, qu'il était audacieux d'écrire au *temps* de
Charles le Chauve : « Les offrandes des fidèles doivent, suivant les règles canoniques, être gouvernées par les évêques
et leurs auxiliaires, et non par les laïques et les séculiers;
ceux des séculiers qui n'ont pas reculé devant cette usurpa-
tion tombent sous l'anathème porté contre eux par les Saints
Pères. Ils ne sauraient trop redouter d'échanger, par cette
conduite, *les délices du royaume éternel contre les plaisirs
éphémères du siècle.* »

Les usurpations des laïques protégés par le roi n'étaient pas
le seul péril de l'ordre monastique : l'abus des exemptions
qui soustrayaient les monastères à la juridiction épiscopale
paraît y avoir favorisé le désordre, si bien que plusieurs passages du recueil de Benoît insistent sur la soumission que
les moines doivent à leur évêque (1); plus tard, les évêques
réunis à Savonnières, en 859, imposent aux maisons religieuses l'obligation de subir la visite épiscopale, et le pape
Hadrien II, écrivant à Charles le Chauve, lui dit : « Vous sa-
vez que, selon l'autorité des canons, tout monastère doit être
en la puissance de l'évêque; parce que cette loi a été violée,
beaucoup de monastères ont été ruinés, comme le monastère
de Marmoutiers et celui de Saint-Martin (2). » On pourrait
multiplier les citations, on démontrerait sans peine qu'un des
grands soucis des réformateurs était alors de replacer les maisons religieuses sous l'autorité de l'épiscopat.

Il me semble que cette considération, bien plus que des
motifs d'une avarice sordide, éclaire singulièrement la com-

(1) Voir par exemple Ben. Ler, III, 7 : « Monachos per unamquamque civi-
tatem aut regionem subjectos esse episcopo et quietem diligere et intentos
esse tantummodo jejunio et orationi, in locis, in quibus renuntiaverunt seculo,
manentes... » Cf. I, 328 et *passim*. — Les passages de Benoît qui reconnais-
sent, implicitement ou explicitement, le principe de la subordination des
moines aux évêques sont très nombreux. Sur les rapports des monastères
avec les évêques, voir M. Roth (*Geschichte des Beneficialwesens*, p. 262 et
notes 82 et s.), dont les appréciations ont été rectifiées et adoucies par
M. Lœning, *Geschichte des Deutschen Kirchenrechtes*, II, p. 570 et note.
· (2) Cf. pour le concile de Savonnieres, Hardouin, p. 499, et pour la lettre
d'Hadrien II, Sirmond, *Concilia Galliæ*, III, 401.

position des *Acta Pontificum Cenomannensium* et des *Gesta
Aldrici*. Nul ne saurait les lire sans être frappé de cette idée
qui éclate à toutes les pages; il faut, à tout prix, remettre les
monastères du diocèse sous la direction de l'évêque; c'est
pourquoi, par un procédé fort peu scrupuleux, l'écrivain Manceau va jusqu'à forger des chartes destinées à prouver, s'il
le faut, que ces monastères ont été fondés par les évêques
du Mans (1) ou qu'ils leur ont été soumis par les liens d'une
étroite dépendance. Sans doute, il y avait alors dans le diocèse d'Aldric des monastères rebelles à la réforme ; peut-être
au premier rang de ces monastères figurait celui de Saint-
Calais; c'est pour aider à les réduire à l'obéissance et remédier au désordre de l'état monastique qu'auraient été composés
les *Acta* et les *Gesta*. Ainsi, dans toutes les compositions,
aussi bien dans les écrits Manceaux que dans ceux qui ont la
prétention de s'appliquer à l'Église entière, le faux Isidore
poursuit surtout un but, la réforme du clergé et des fidèles.

Or, l'histoire de l'Église enseigne que la protection et le
concours du Saint-Siège sont indispensables à toute réforme
efficace; pas n'est besoin d'invoquer ici, à l'appui de cette
assertion, le succès des réformes de Grégoire VII et du concile de Trente, et le lamentable échec des entreprises des
conciles de Constance et de Bâle. Les réformateurs du ixe
siècle ne s'étaient pas mépris sur cette nécessité; sans s'at-
tarder à poursuivre une restauration presque impossible de
l'organisation métropolitaine tombée en ruines, ils sentaient
bien que l'Église, assaillie par les ambitions des séculiers,
exploitée par les seigneurs, empoisonnée par la simonie et la
corruption, ne pouvait retrouver son unité et sa pureté que
sous l'influence d'un pouvoir souverain, assez fort pour im-
poser sa décision à toute la chrétienté, aux évêques comme
aux empereurs. Deux des partisans les plus illustres de la
réforme, Wala et Pascase Radbert, avaient su rappeler au
pape Grégoire IV qu'il lui appartenait d'aller ou d'envoyer

(1) A coup sûr, le meilleur moyen, pour les évêques, de lutter contre l'ex-
tension des immunités était de démontrer qu'ils joignaient à leur autorité
épiscopale le titre de fondateurs du monastère, ou que la fondation avait été
faite par un de leurs prédécesseurs. Cela explique bien des passages des
Acta et des *Gesta*.

vers toutes les nations pour affermir la foi chrétienne, pour
assurer la paix des Églises, pour répandre l'Évangile et la
vérité, et qu'il avait le droit de juger tous les autres sans
qu'il pût être jugé par personne (1). C'est parce que le faux
Isidore s'est fait l'écho de ces idées que son œuvre réformatrice, si condamnables que fussent les procédés employés
par lui, a joui d'un succès durable ; ce n'est point parce qu'I-
sidore a réussi que le pouvoir des papes a triomphé ; au contraire, Isidore a réussi parce qu'il exaltait le pouvoir des
papes auxquels l'Église chrétienne entendait laisser le soin
de son avenir.

(1) *Vita Walæ, abbatis Corbeiensis*, dans Pertz, *Scriptores*, II, 562.

BAR-LE-DUC, IMPRIMERIE CONTANT-LAGUERRE.